फ़सलें अब भी हरी हैं

हरजेन्द्र चौधरी

वाणी प्रकाशन

नयी दिल्ली-110002

फोन : 3273167, 3275710 • फैक्स : 3275710

e-mail : vani_prakashan@yahoo.com

vani_prakashan@mantraonline.com

ISBN 81-7055-141-2

वाणी प्रकाशन
21-ए, दरियागंज, नयी दिल्ली-110002
द्वारा प्रकाशित

प्रथम संस्करण : 2002

मूल्य : 150.00

शुभम ऑफसेट, दिल्ली-110032
में मुद्रित

PHASLEN AB BHI HARI HAIN
(Poems)
by Harjendra Choudhary

डॉ. मधुसूदन पाटिल, प्रो. रामदरश मिश्र
प्रो. निर्मला जैन, प्रो. नित्यानन्द तिवारी
डॉ. विश्वनाथ त्रिपाठी, प्रो. कात्सुरो कोगा
प्रो. तोमियो मिज़ोकामि
प्रो. आकिरा ताकाहाशि
श्री युइचिरो मिकि
श्री केई शिराई
श्रीमती केइको शिराई
प्रो. तत्याना ओरांस्काइया
डॉ. दानूता स्ताशिक
और प्रो. क्षेप्तोफ़ मारिआ ब्रिस्की
इन गुरुजनों/शुभचिन्तकों/सहकर्मियों/
हिन्दी विद्वानों/भारतविदों को...

अनुक्रम

कछुए

कछुए
खूब समझते हैं
कहाँ कितना खुलना है
किस बिन्दु पर समेट लेना है
अपने को प्रभावातीत खोल के भीतर...

पूरे के पूरे धँस जाते हैं
समय के सड़ाँधते कीचड़ में
उनके मन-मुताबिक हैं सारी स्थितियाँ

तलछट में समा गया है
सारा सुख
सारा जल हो गया है कीचड़
इस युग में
प्रसन्न और सुरक्षित हैं
केवल कछुए...

(1993, नई दिल्ली)
('गगनांचल', अप्रैल-जून 1998)

कव्वे

हर खेत पर
खलिहान पर
गेहूँ पर गन्ने पर
छत पर मुँडेर पर
ट्रक पर कार पर
साइकिल-सवार पर
शाख पर, पेड़ पर बोल जाते हैं कव्वे
खुले पड़े भेदों को बार-बार बाइज़्ज़त खोल जाते हैं कव्वे...

हर हालात में
हर बात में
खोलते हैं चोंच
एक-दूसरे को नोच-नोच
उड़ जाते हैं कव्वे
आदमी की जुबान में बोलो तो कुढ़ जाते हैं कव्वे...

ज़्यादा मोहक लगती है
पराई जेब से झरती कॉफी
मुफ़्त हाथ लग जाएँ तो
चढ़ा जाते हैं मुर्गे पर मुर्गे, पव्वे पर पव्वे...

मिलकर विचार नहीं
एकतरफ़ा बहस करते हैं
ज़िन्दगी के सुन्दर-असुन्दर सचों को
तहस-नहस करते हैं
दूसरों की नहीं सुनते
अपनी-अपनी सुना जाते हैं कव्वे
निजी सचाइयों को मन में ही छुपा जाते हैं कव्वे...
हर हफ़्ते
अपनी एक शाम
संस्कृति के नाम पर लुटा जाते हैं कव्वे...

(1993, नई दिल्ली)

डाकू-चाकू और कविता

नींद में सोए-सोए
इस तरह अचानक-अजाने-अनायास-अनचाहे
क्यों आते हैं शब्द दिमाग़ में
जैसे घर में घुसे डाकू
इतने पैने क्यों होते हैं उनके अर्थ
जितना सीने में धँसा चाकू

मैं चाहता हूँ जीवन में
संघर्ष आए सुख आए हरियाली आए
पर वहाँ आ रही हैं
अपराधी-उत्तेजनाएँ, फटाफट-अमीरी
आश्वस्ति की जगह आता है भय
सहजता की जगह उखड़ी-उखड़ी थरथर
लड़के की जगह घर से उसके भागने का समाचार
धीमी लिखाई वाली चिट्ठी की जगह हड़बड़ाया फ़ोन
डाकिए की जगह 'सेल्समैन'
किताबों की जगह टी.वी.
'पढ़ूँगा-सोचूँगा' की जगह 'देखूँगा'
बातचीत की जगह 'ही-ही, हू-हू'
चाँद की जगह चमचमाते विज्ञापनों की निओन-लाइटें
बादलों की जगह धुआँ
खाई की जगह कुआँ

कुएँ की जगह खाई
यही दो शब्द बस, विकल्पवत, गड्ड-मड्ड हैं भाई!
ऐसे में कैसे करूँ 'कविताई अच्छी-सी'
बताओ तो भला!

(फरवरी 1999, नई दिल्ली)
('हंस', जुलाई 1999)

पूरा कबीर चाहिए

संडे को छत पर धूप में
मैं कविताएँ लिखता रहा
वे लोग बुनते रहे कपड़ा
करघे पर कुटीर में

किसने किया ज़्यादा ज़रूरी काम?

मैंने अपने को समझाया—
'कविताएँ न होतीं तो मनुष्य न होता
स्वयं को छन्दों से ढँकता हुआ'

प्रश्न उठा—
'कपड़े न होते तो क्या होता?
छन्दों से चल जाता काम सभ्यता का?'

उड़ता-सा उत्तर आया कहीं से
'तुम आधे कबीर हो
हमें पूरा कबीर चाहिए
जो कविता भी करे
कपड़ा भी बुने...'

(फरवरी 1999, नई दिल्ली)
('हंस', जुलाई 1999)

नींद और कविता साथ-साथ

नींद और कविता
साथ-साथ आ रही हों दोनों
तब
किसे आने दूँ किसे रोक कर रखूँ
जो सपने देखने हैं मुझे
वे नींद में देखूँ या कविता में

सोए-सोए
हो आऊँ हवाना या हस्तिनापुर
लिखते-लिखते
मिल आऊँ हिमिंग्वे या भीष्म पितामह से

आज रात मौका है
(कल छुट्टी है न!)
नींद और कविता को आने दूँ साथ-साथ
देश काल का अतिक्रमण करती हुई...

(फरवरी 1999, नई दिल्ली)
('हंस', जुलाई 1999)

विघटन के बाद : एक

रास्ता नहीं है माँ!
शायद सिर्फ़ धुआँ है
भीतर ही भीतर गला कतरता
गाढ़ा कड़वा दमघोंटू धुआँ

बहुत याद आ रहा है
बहुत ही याद आ रहा है माँ!
तुमसे जुड़ा अपना बचपन

तीन सीढ़ियाँ चढ़ने के बाद
जहाँ मुड़ता था ज़ीना
हमारी पुरानी हवेली का
ठीक वहीं रखा होता था 'हारा'
जिसमें पड़े उपले
लाल सुर्ख होने से पहले
खूब धुआँ देते थे
खाँसने लगता था पूरा का पूरा घर
बहुत मोटी मलाई देता था दूध
दिन भर खदकने के बाद

तुम्हारी उँगली थाम
कन्धे पर बस्ता लादे

चढ़ जाता था पूरा ज़ीना
निर्भीक और आत्मविश्वास भरा मैं
दिखाई नहीं पड़ती थीं सीढ़ियाँ
पर पता होता था पैरों को उनके वहाँ होने का
ऊपर फैला होता था
नीलकमल की अनन्ताकार पंखुड़ी-सा निर्मल आकाश
धुँधली, धुआँरी सीढ़ियों की चढ़ाई के पार...

पुराकथा-सा लगता है आज अपना ही बचपन
लगता है—कई जन्म पहले की बात
याद आ रही हो कई पीढ़ियों के बाद
नींद में चल रहा है समय
डरावने रहस्यों पर पैर रखता
उन्हें और भी डरावने और भी गहरे बनाता

ज़िन्दा साँप या मरी हुई गिलहरी
बिजली का नंगा तार
या 'लहर पेप्सी' की 'तरेड़-खाई' बोतल
दलदल पाताल या पुख़्ता धरातल
—कुछ भी पड़ा हो सकता है
इस उठे हुए क़दम तले

अँधेरा अधिक है या धुआँ
दिन है या रात
जवाब नहीं देतीं वर्तमान की सीढ़ियाँ
इन सवालों का
न ही यह 'लिफ्ट' रखती
हमारे उत्थान-पतन का हिसाब

आज फिर तुम्हारी उँगली पकड़कर
अनन्ताकार नीलकमल तक पहुँचने का

मन है माँ!

न तुम हो—उँगली थमाती
न वह ज़ीना है—ठोस और पुराना
आकाश का पता नहीं
है भी या नहीं
धुआँ है बस
गाढ़ा कड़वा ठोस दमघोंटू धुआँ

क्षयरोगी-सा खाँसता सुन पड़ रहा है समय...

(1992, नई दिल्ली)
('कथन'-22)

विघटन के बाद : दो

होश आ रहा है धीरे-धीरे
उलझे मकड़जाल-सी अर्ध-पारदर्शी
स्मृति के बीचों-बीच
झलमलाती दिख रही अतीत की धुँधली परछाईं
शायद जीवित हूँ
मैं ही तो हूँ शायद

कवायद करते घोड़ों टैंकों यानों की
गड़गड़ाती मिश्रित ध्वनियाँ
मन्द पड़ गई हैं शायद
जंगलों उद्यानों खेतों में खिलतीं कलियाँ
झड़ गई हैं
विदेशी माल से पटे फुटपाथों पर
लम्बे दुःस्वप्न-सा डरावना और असम्भव
झलमलाता दिख रहा है अतीत

चारों ओर खुली हुई महाकार कैंचियों-से
चमक रहे पर्वत-शिखर
जंगली घाटी में पड़ा रह गया हूँ
मैं अकेला
किसी ने मुझे धकेला था
या मैं खुद ही ठोकर खा गया था

झटके के साथ डूब जाता है
समृति का पीतवर्णी सूरज
इस बीहड़ बिन्दु पर आकर
चेतना पर भारी चट्टान की तरह लुढ़क आता है अँधेरा

कुछ
कुछ भी
याद क्यों नहीं आ रहा मुझे
होश तो आ रहा है
पर कुछ याद क्यों नहीं आ रहा मुझे?

हे प्रकृति माँ!
हे परमपिता!
हे अस्तमान स्मृति-सूर्य!
हे पाताल गंगा!
हे हिमालय!
कोई तो बोलो
कुछ तो बोलो
होश तो आ रहा है
पर कुछ याद क्यों नहीं आ रहा मुझे?

किसी ने मुझे धकेला था
या मैं खुद ही ठोकर खा गया था
शिखर पर पताका फहराने के बाद
आख़िर हुआ क्या था

कौन मुझे इस बनैले पाताल में गिरा गया
कौन छीन ले गया स्मृति और स्वप्न सारे
कब और कैसे
पाताल में लुढ़क आईं हिमाच्छादित ऊँचाइयाँ

शेष है केवल
टीसता हुआ शरीर
आता हुआ होश
अतल में पड़ा अप्रत्याशित वर्तमान...

(1992, नई दिल्ली)
('कथन'-22)

विघटन के बाद : तीन

निश्चित निष्कर्ष का समय अभी नहीं
शायद
ठीक नहीं है अभी
कोई पक्की राय क़ायम करना
यह युद्ध निर्णायक हो भी सकता है
और नहीं भी

कहीं भी किसी भी क्षण
कुछ भी हो सकता है
आक्रमण या समझौता

छोटी-छोटी खन्दकों में हथियार सँभाले पड़ा
वर्तमान नहीं जानता युद्ध का भविष्य
और भविष्य का युद्ध

भूलता जा रहा वह धीरे-धीरे—
सालों पहले देखी नन्ही बिटिया की शक़्ल
पूरी फूली हुई रोटी का स्वाद
पत्नी के स्तनों का आकार
बरसों पहले छूटे गाँव के कुओं की छलछलाती गहराइयाँ

कब होगा निर्णय
कब बढ़ेंगे कदम भविष्य की तरफ़
कब तक इस तरह ठिठकी रहेगी लड़ाई
अभी कहना मुश्किल है
पर अब इस छोटी-सी खन्दक में
वर्तमान का घिरे रहना मुश्किल है...

(1992, नई दिल्ली)
('कथन'-22)

सुखी आदमी की दिनचर्या

सुबह देर से उठा सुखी आदमी
'बेड-टी' के बाद देर तक बैठा रहा 'कमोड' पर
फिर, फिर चाय पीनी पड़ी
फिर, फिर देर तक बैठना पड़ा 'कमोड' पर

फिर जल्दी से नहाया
नाश्ते की टेबल पर झाँकीं 'हेडलाइनें'
बाक़ी 'डिटेल्स' पढ़ीं मल्टीनेशनल दफ़्तर में

पाँच-सात बिचलों को डाँट दिया बुरी तरह
आतंकित किया कई छोटों को
मचा दिया तहलका-सा दफ़्तर में

कुछ कागज़ात देखे साइन किए
कुछ लौटा दिए बिना पढ़े—'री-टाइप'
बेचारी पुराने 'सॉफ्टवेअर' यूज करती टाइपिस्ट को
डाँटा 'ब्रिटिश स्पेलिंग' पर
रिसेप्शनिस्ट को फ़ोन पर
तीन क्लर्कों को—
ढीली टाई, मुचड़ी कमीज, टूटे बटन पर क्रमशः
चाय वाले को ज़्यादा चीनी पर
लंच वाले को ज्यादा नमक पर

पीअॅन को बीड़ी पीने पर डाँटा विदेशी सिगरेट पीते हुए

देर शाम को आया दूर अमेरिका से
अनदेखे बॉस का फ़ोन
'इतने' कम 'प्रोफ़िट' पर 'इतना' डाँटा उसने सुखी आदमी को
सुखी आदमी भूल गया दुखी हिन्दुस्तानियों को डाँटना
ठंड लगने के बावजूद ए. सी. बन्द करना
छुट्टी के वक़्त घर लौटना...

(1999, नई दिल्ली)

सुखी आदमी की हँसी

अखबारों में पढ़ी हत्याएँ सुबह-सुबह
राहज़नी, अनअँथोराइज्ड डिमोलिशंस
डाके, वधू-दाह
उछलता डॉलर, लुढ़कता रुपया
'चॉकलेट-मिल्क' पीते हुए
खूब आई हँसी
सुखी आदमी को

बेटा अमेरिका में है
बेटी हांगकांग में
खुद यहीं एक मल्टीनेशनल में

दोपहर बाद आया
हांगकांग से बेटी का 'ई-मेल'
—'एन. आर. आई. पति ने
भिजवा दिया है नोटिस तलाक़ का'
कम्पनी के ग़रीब ड्राइवर की 'लोन एप्लीकेशन' पर हँसता
सुखी भूल गया हँसना 'ई-मेल' पाकर

शाम को पीकर पहुँचा घर
नई 'सिएलो' पार्क करके देखा

खुले पड़े थे दरवाज़े
भीतर चल रहा था टी.वी.
और भीतर लाश पड़ी थी पत्नी की
बिखरे सामान, बहे लहू बीच

एकदम लौट गई थी
भीतर आती हुई हँसी
और फिर कभी नहीं आई थी...

(1999, नई दिल्ली)

दूध पीते बच्चे नहीं हैं हिन्दुस्तानी गाँव

मल्टीनेशनल कम्पनी गोद लेगी
मेरे गाँव को
मॉडल बनाएगी...मॉडर्न बनाएगी...

खुशबू इस ख़बर की फैल गई सब ओर–
गाँव खुशहाल होगा...किसान मालामाल होगा
रोशन होगा माहौल

मेरे अनपढ़ आज़ाद हिन्दू फ़ौजी ताऊ ने
कर दीं अचानक सभी रोशनियाँ गुल–
"अमरिक्का के अंग्रेज़ बावले ना हैं
उनका कुछ तो स्वार्थ होगा
हमारे खेतों के ताज़ा आम
बोतलों में भरके...बासी करके
हमीं को पिलाएँगे
पैसे कमाएँगे....अपनी चलाएँगे..."
पढ़े-लिखे भी देखते रह गए
मेरे ताऊ को
मुँह बाए–
"दूध पीते बच्चे नहीं हैं हिन्दुस्तानी गाँव
चलने दो उनको अपनी चाल
खुद ही

चलाने दो उनको अपना वजूद
गोरी मेमों की गोद मत दो उन्हें
बचाना है अगर पंगु होने से...''

(11 जुलाई 1993, हिसार)
('प्रतिपक्ष', 1993)

कितने भूखे!

जाने कहाँ से आ जाते हैं
इतने झक-सफेद बगुले
किसान के हल के पीछे-पीछे

फाल चीरता जाता है
ज़मीन की त्वचा
बाहर आ गिरते हैं
अँधेरे गर्भों में छिपे कीट-कृमि

कीट-कृमियों से पेट भरते
झक सफेद बगुले
ललकते चलते हैं
किसान के हल के पीछे-पीछे

कितने भूखे!

(जुलाई 1993, हिसार)

आँगन का पेड़

एक

मेरे तने से लिपटकर
रोई थी वह बहुत देर तक
उस दोपहर
पहली बार
पीठ पर बाँहों पर माथे पर
यहाँ तक कि पेट पर भी
निशान थे चोट के
घिसट के...

दो

दूसरी बार
वह खुद नहीं लिपटी थी मेरे तने से
बाँधा गया था उसे पशु-समान
पीटा गया था
उस शाम
मेरे शरीर पर भी रच गए थे
उसके रक्त के धब्बे...

तीन

दिनों बाद
लौटकर आई थी वह मायके से

जो सामान लाई थी
उसी के अनुपात में हुआ था स्वागत
सिर-माथे धर लिए उसने
लोलुप बुढ़िया के खूँखार शाप

यह तीसरी बार था
आधी रात...नींद के टूटे दरवाज़े से
बाहर निकल
अपने सपने रौंदती
मुझ तक आई थी
लिपट कर फफक पड़ी थी अचानक
फुसफुसाई थी धीरे से—
—'अब मैं कहाँ जाऊँ?
क्या करूँ?'
मैं तो बेजुबान पेड़ था
उसकी ससुराल के आँगन का
अपनी शाखाएँ सँभाले चुप खड़ा रहा...

चार

फिर बार-बार होने लगा यह
होता रहा
दिनचर्या का हिस्सा बन गए आँसू
और वे क्षण
जब वह लिपट जाती थी मुझसे
फफकती थी फुसफुसाती थी
सवाल बन कर...

पाँच

आज
अरथी जा चुकी है
पर

चिराँध धँसी हुई है
घर-आँगन-आकाश-हवा के रन्ध्र-रन्ध्र में
खूँखार सास कोस रही है
इस जले-मरे स्टोव को
कहानी को ढाल रही है सच में

हाँ में हाँ, ना में ना करतीं
औरतें जमा हैं मेरी छाया तले
कोई नहीं देख रहा सच को

क्या किसी को नहीं दिख रहा
मेरे भूरे तने पर यह ताज़ा काला धब्बा
मेरे पत्ते-पत्ते का यूँ थरथराना...?

आज सुबह
लपटों-घिरी लिपटी थी वह
मुझ से
अन्तिम बार...

(24 जुलाई 1993, नई दिल्ली)

कतार औरतों की

घुटनों तक धोती उठाए
पीठ पर बोझा लटकाए
धान रोपती कतार औरतों की।

एक-एक पत्ती चुनती हैं
यूँ भविष्य को बुनती हैं
पर लहँगे फटे हुए
चुनरियाँ तार-तार औरतों की।

पीठ पर बच्चे चिपकाए
आधा पहने आधा खाए
काँधों पर पूरा घर उठाए
ज़िम्मेदारी पूरा संसार औरतों की।

या तो घर में छिप जातीं
या हर जगह दिख जातीं
विज्ञापनों में कोठों पर
दुनिया-भर में भरमार औरतों की।

आगे काँटे-पत्थर पड़े हैं
और सारे अंग लिथड़े हैं
दुःख की चक्की में पिस-पिस

समय की सान पर घिस-घिस
हो रही पैनी धार औरतों की।

(जुलाई 1992, नई दिल्ली)

राजमहिषी

कोसों तक फैली यह घाटी—
ज़रीदार हरे-भरे परिधान पहन
धूपछाँही मखमली छवियाँ लिए
आसमान पर पीठ टिकाए अधबैठी
कोई शाश्वत राजमहिषी...

इसके नेत्रों में भी जब तब
घुमड़ आते हैं जल-भरे बादल
इसके उदार आकाश में भी
तन जाती हैं धुएँ की कड़वी छतरियाँ
इसे भी प्रभावित करते हैं मौसम
इसकी विराटता पर भी अंकित हैं
ढलानें-फिसलनें
इसके वक्ष में भी व्यापता है सूनापन

इसका भी आधा अस्तित्व
ढँका रहता है
उदास छाया की ओढ़नी तले

इसकी महानता में
निहित
धूप-छाँव के सारे खेल...

(21 जून 1993, शिमला)

कुछ प्रतीक्षा में

कुछ प्रतीक्षा में
कुछ स्मृति में
कभी-कभी तुम्हारी उपस्थिति में
अच्छे-से गुज़र जाता है वक़्त

याद नहीं कर पा रहा हूँ
जब तुम नहीं थीं
तब कैसे गुज़रता था

सोच नहीं पा रहा
जब तुम नहीं होगी
तब कैसे-क्या होगा...

(जून 1993, शिमला)

सौन्दर्य

नंगी पिंडलियाँ
झरने के जल में डुबोए बैठी
तुम
मुग्ध हो
ऊँचे धवल शिखरों की धुँधली गतिमान परछाइयों पर...

मैं
पूरा का पूरा डूबा हूँ
एक ही साथ
तुम में
और
काँपती परछाइयों से लबालब इस जल में...

(जून 1993, शिमला)

जाग रहा है जीवन

जाग रहा है जीवन
धीरे-धीरे
खोल रहे हैं आँखें बीज
हौले-हौले
हिल रही हैं पलक-सी कोंपलें
हल्के-हल्के झर रहे हैं बादल
हौले-हौले सरसरा रही है
हवा
धीरे-धीरे नम हो रही है
ज़मीन
धीरे-धीरे पास आ रही है
हरियाली तीज
धीरे-धीरे आँखें खोल रहे हैं
बीज...

(जुलाई 1993, हिसार)

होरी खुश है : एक

छमाछम बरस रहा है बदरंग आसमान
टपाटप टपक रही है छत मड़ैया की
तरबतर हो रही है आँगन में बँधी गाय
बीच-बीच में सिहर उठता है इकलौता बैल
घर में धमाचौकड़ी मचा रहे चूहे
बिलों से निकल-निकल कर
होरी खुश है

ओक लगाना भूल गई है
अमृत पीती हुई ज़मीन
बादल टूटे पड़ रहे उस पर
समन्दर बन कर

इन्द्र देवता
वरुण देवता
सभी देवता प्रसन्न हैं
होरी प्रसन्न है

लहलहाती फ़सलों के हरे-भरे सपने
मन पर ओढ़ कर
कड़ाही में कुढ़ते कड़वे तेल में
उधार के आटे की गीली गोलियाँ छोड़तीं

पकौड़े तलती, मल्हार गुनगुनाती
धनिया खुश है

खुश है पूरा परिवार
पूरा गाँव
महाजन समेत...

(अगस्त 1993, धनाना)

होरी खुश है : दो

घुटनों-घुटनों कीचड़ से सनी हैं
सब गलियाँ गाँव की
धनिया की जाँघों पर फिर से
उपड़ आए हैं बड़े-बड़े दाद
डेढ़ गुना महँगा हो गया है बीज
पिछले साल से
गोबर ने बन्द कर दिया है मनीऑर्डर भेजना

फिर भी होरी खुश है...

रुकने का नाम नहीं ले रही बारिश
भूख नहीं मिटी बादलों की
खेतों में बोए अर्धअंकुरित बीज खाकर
गड़गड़ाती बिजली झपट ले गई इकलौता बैल

फिर भी होरी आशावान है...

होरी नहीं जानता—
शहर गए बेटे का क्षयग्रस्त होना
उसे नहीं मालूम
कैसे-कब-क्यों बन्द हो गई
किसानों को मिलने वाली 'सब्सिडी'

पूरी की पूरी एक पीढ़ी
बरबाद हो रही है बेरोज़गारी से
भुखमरी-महामारी से ग्रस्त हैं
बिहार और मध्यप्रदेश के कुछ ज़िले
उम्मीदों के ढहे हुए क़िले
बार-बार चिनने का उपक्रम ठानता
उठ खड़ा होता है होरी

होरी खुश है...आशावान है...सन्तुष्ट है
बहुत-सी बातें नहीं जानता
जिस दिन जान जाएगा
उस दिन न जाने क्या होगा...

(अगस्त 1993, धनाना)

नदी को कोसते नहीं किसान

उतर गई है बाढ़
उतर गई है नदी
उतर गई है सतह जल की
दिखने लगी है फिर से
अचानक ग़ायब हो जाने वाली ज़मीन
टिकने लगे हैं फिर से
कुछ फिसलते-से पैर

लम्बे-लम्बे फीते खींच
किसान मिलकर माप रहे हैं
अपने हिस्से
कीचड़ बनी ज़मीन पर

घट जाते हैं
बढ़ जाते हैं
घटते-बढ़ते रहते हैं
हिस्से किसानों के
हर साल बाढ़ के बाद

नदी को कोसते नहीं
केवल प्रणाम करते हैं
किसान

स्वीकार करते हैं उसे
सब बेटों को बराबर परोसने की कोशिश करती
माँ की तरह...

(1993, नई दिल्ली)

हाँफ रहे हैं पेड़

महानगर के व्यस्त चौराहे पर
ट्रैफिक के सैलाब बीच
खड़े
हाँफ रहे हैं पेड़
पस्त हो रहे हैं
हरहराता धुआँ उलीचते-उलीचते...

गाँव के किनारे बहती नदी के
टूटे तटबन्धों पर
मिट्टी के बोरे डालते
कच्ची देहरी पर बैठ
घर-भर में भरा बाढ़ का पानी
उलीचते लोग
हाँफ रहे
सिसक रहे हैं कुत्तों की तरह...

समान्तर चलती नियति
पेड़ और मनुष्य की
अस्तित्व के नेत्रों में रड़कता धुआँ
आरी के दाँत बजते पसलियों के नीचे
कुल्हाड़े की धार चीरती आती-जाती साँस को

कभी नहीं कटता अकेला पेड़
थोड़ा-थोड़ा
हम सब कटते हैं उसके साथ...

(अगस्त 1993, नई दिल्ली)

चीर-हरण के बाद

चीर फेंकी हरी-भरी साड़ी
कुल्हाड़ों ने
नंगी कर दी पहाड़ी
रौंद डाली उठान
चींथ फेंकी घाटी

प्रतिकार की परिपाटी निभाएगी
प्रकृति
केवल कुल्हाड़ों को नहीं
लौह-मात्र को खाएगी...

(27 मार्च 1993, शिमला)

बरसाती नाला

अभी तो
चाँदी के चिलकते पाउडर-सा
बिखरा पड़ा है रेत पर
रेत बन
कण-कण
माटी में मिला दिया गया है
यह बरसाती नाला

पर वक़्त आएगा
लाल-पीला हो
चढ़ जाएगा दुनिया की छाती पर...

(1993, शिमला)

हमाम

खूब गर्म पानी से भरे
आदमकद संगमरमरी टब में
लेटे पड़े हैं
साथ-साथ, नंगे, बेख़बर
मौज़ या हनीमून मनाने आए वे

बीच-बीच में टब की मोरी खोल कर
निकाल देते हैं ठंडा होता हुआ पानी
'हॉट' नल खोलकर भरते जाते हैं उसे
साथ-साथ

ऊँचे होटल के पिछवाड़े दूर...नीचे...
सड़क किनारे खड़े चाय-खोखे के पास
जाकर गिरता है यह मैला पानी
आते-जाते या चाय पीते लोगों को
छींटे मारता है पतनाला ऊँचे होटल का

शायद शाम को टहलते हुए
उसी पहाड़ी खोखे पर चाय पिएँ वे
पर
अभी तो खूब गर्म पानी से सराबोर
आदमकद संगमरमरी टब में

लेटे पड़े हैं—साथ-साथ, नंगे, बेख़बर
मौज़ या हनीमून मनाने आए वे...

(27 मार्च 1993, शिमला)

'ठंडी नहीं, केवल सुन्दर है बर्फ़'

होटल की खिड़की के शीशे से
पर्दे सरका कर
देख रहा हूँ नीचे
रास्ते की बर्फ़ हटाते
फटाफट फावड़े चलाते
पहाड़ी मज़दूरों को

अभी देकर गया है वेटर
गर्म-गर्म कॉफ़ी
दो हीटर मिलकर ऊष्मा फैला रहे हैं
मेरे चारों तरफ
हवाओं में तैर रहा है 'बीथोवन'
मेज़ पर उल्टी खुली पड़ी है
फ्रांसीसी प्रेम-कथा

बहुत अच्छा लग रहा है
कुछ भी सोचना
या कुछ भी न सोचना
ठंडी नहीं, केवल सुंदर है बर्फ़
मेरे इस देशकाल में...

(27 मार्च 1993, शिमला)

केवल सुन्दर नहीं होती बर्फ़

मैं बर्फ़ पर लिखता रहा
बार-बार
नाम अपना
जैसे बार-बार देखता रहा होऊँ
कोई पुराना सपना
जिसमें बर्फ़ केवल सुन्दर लगती थी
ठंडी नहीं

पता ही नहीं चला
खेल-खेल में
कब ठंडी हो गईं उँगलियाँ हाथ-पैरों की
जैसे हैं ही नहीं
टमाटर-से लाल हुए ढीले गाल
रसदार सेब की बासी फाँक-सी गीली नाक
और तो और
ऊष्मा से तरबतर मर्म
जो सदा रहता आया गर्म
वह भी ठंडा हो गया, क़तई सुन्न

केवल सुन्दर नहीं होती बर्फ़
केवल सुन्दर नहीं होती कोई भी सही बात
एकतरफ़ा नहीं होती कोई भी सच्चाई

जैसे यही कि–
मैं बर्फ़ पर लिखता रहा
बर्फ़ मुझ पर लिखती रही
अपना नाम...

(4 जनवरी 2002, वार्सा)

ऊँचे पहाड़ पर

कोई नहीं आता यहाँ
बुरे दिनों में
अपमानजनक मौसम में
अकेले ही गलते हैं हम
अपनी-अपनी बर्फ़ में
निहत्थे दबे रहते हैं जैसे
विशाल शिलाओं तले

मौके की बात होती है
हमारा ज़िन्दा रह जाना
सुहाने मौसम का लौट आना

ऐसे मौके पर
भीड़ लग जाती है पर्यटकों और तीर्थयात्रियों की
घटनाओं-दुर्घटनाओं की
अनजान मेहमानों की
लबालब भर जाते हैं खाली घड़े मन के
ठसाठस ठुक जाते हैं कमरे
धर्मशालाओं, होटलों घरों के

ले जाते हैं वे
हमारे हिस्से का पानी

हमारे हिस्से की हवा
हमारे हिस्से का मौसम
हमारे हिस्से की खुशी

वार्षिक हादसों की तरह आते हैं वे
उनके आने से बदहवास
उनके जाने पर सूनी
हो जाती है
हमारी ज़िन्दगी...

(21 जून 1993, शिमला)

विदा

सीटी दे रही है
'हिमालयन क्वीन'
लोगों से लदी-घिरी
भीतर-बाहर

अभी
पीछे सरकने लगेगा प्लेटफार्म
नीचे खड़े लोगों समेत
टूट जाएगा झटके से
मिले हुए हाथों की ऊष्मा का जादू
ओझल हो जाएँगे
नम चेहरे
देखते-देखते
सूख जाएगा
हिलते हुए हाथों का सरोवर...

अपनी-अपनी दिनचर्या की सुरंग
निगल लेगी हमें
पुराने मित्रों की भावुक आँखों की चमक को भी
हो सकता है
सोख ले जाए
पहाड़ी सुरंग का लम्बा अँधेरा...

(22 जून 1993, शिमला)

कौन

जब मैं सोता हूँ रात को
कौन जागता रहता है मेरे भीतर
जब मैं जागा रहता हूँ दिन-भर
कौन सोया रहता है मेरे भीतर?

पिछले वर्ष न्यूयॉर्क में
उससे पिछले वर्ष तोक्यो में
किसी वर्ष रोम में, वेनिस में, आक्सफोर्ड में
शिमला में, शान्तिनिकेतन में
जब किसी ने मेरी उम्र पूछी थी
तब मैंने किसकी उम्र बताई थी
पाँच हज़ार साल...

सिन्धु का, सरस्वती का
हड़प्पा के प्राचीन कुएँ का
पानी है जिन आँखों में
क्या ये आँखें मेरी ही हैं

किसकी दृष्टि है मेरी आँखों में
जिससे देख लेता हूँ मैं
पूरी पृथ्वी पर फैला समय
पूरे समय में व्याप्त कथाभूमि

कौन है यह
जो याद रखता है मेरे भीतर
सरस्वती की कलकल
तब भी
जब सूख रहा होता है
दुनिया-भर की नदियों
और गहरे कुओं की आँखों का पानी...

(1995, ओसाका)

तथागत बोले : एक

धम्म-शक्ति
संघ-शक्ति
उतनी ही नहीं रहेगी अब
आनन्द
या तो हो जाएगी दुगनी या अनन्त
या रह जाएगी आधी

स्त्री स्वतः व्याधि नहीं
न ही उसका कारण
जब तक रुग्ण रुचियाँ न उगें
भिक्षुओं के भीतर
वे पुरुष हैं
जब तक न हों वे पिलपिले लोलुप
ऊष्मा न ले लपट का रूप
अन्तर में अनजाने
वितान बन न तन जाए विलासिता
माँ धरणी पर

आकाश अधूरा है धरा बिना
धरती अधूरी है आकाश बिन
कल का ब्रह्मांड कल का दिन
ऐसा ही नहीं होगा आनन्द!

या तो होगा आज से धुँधला
या फिर और भी उजला

पर पश्चात्ताप निरर्थक है प्रिय आनन्द!
समय का रथ नहीं मुड़ता सदा
मनचाही-मनसोची दिशा में...

(1990, नई दिल्ली)

तथागत बोले : दो

हे आनन्द!
संसार को
न ही इतनी दूरी से
न ही इतने निकट से देखो
कि विकृत या अधूरे रूप दिखें
दृश्यों के

इतना धँसकर भी नहीं
कि निजी पूर्वाग्रहों के टीले
अड़े रहें दृष्टि-सम्मुख
आत्मलिप्ति में खो जाए परिदृश्य पूरा

इतनी ऊँचाई से भी नहीं
कि असम्पृक्ति के जंगल में
लुप्त हो जाएँ गतिविधियाँ जीवन की
संसार सिद्धान्त नहीं है
प्रिय आनन्द!
न ही निष्कारण घटना

धरती और आकाश
दोनों का अपना सौन्दर्य
है

दो आँखों की तरह

दोनों आँखों से देखो आनन्द!
इस दृश्य-अदृश्य जगत को...

(1990, नई दिल्ली)

तथागत बोले : तीन

कर्म-प्रवृत्ति की दीर्घ पृष्ठभूमि
में ही घटती हैं घटनाएँ
बार-बार लेते हैं हम पुनर्जन्म
एक ही जीवन में
रचते हैं जातक
परिमार्जन और मैल के बीच
चलता रहता है संघर्ष

निष्कारण निष्प्रयोजन कुछ भी
नहीं है
हे आनन्द!
रगड़ से बनते-निखरते हैं रूप
वस्तुओं के
समरूप प्रतिरूप चमकते-बुझते रहते
नक्षत्रों की तरह

पंचतत्त्वों के सक्रिय संयोग से
निर्मित होता है अस्तित्व
बीज-भूमि से ही उगती हैं वनस्पतियाँ
इच्छाओं से ही जन्मते हैं दुःख
सम्भोग से ही आता है गर्भ में शिशु
हवा

प्रार्थना
जादू से नहीं
कदापि नहीं आनन्द!

(1990, नई दिल्ली)

‘अंग्रेज़ की आत्मा’

‘एअर कंडीशंड टैक्सी’ से ‘एअरपोर्ट’ जाते हुए
पश्चिम के किसी पर्यटक-स्थल पर टहलते हुए
खर्चीली गोष्ठी में भाषण करते हुए
अहम् आहत होने पर उबाल खाते हुए
मेरे भीतर बनने लगता है एक खोखल
आ बैठती है जिसमें अंग्रेज़ की आत्मा
अरुक ‘गुटर-गूँ-गुटर-गूँ’ करते कबूतर-सी...

‘गुटर-गूँ, गुटर-गूँ’ गुँजा देती है
हवाओं को
अपने फैलते प्रभावों को
महसूस कर फूला नहीं समाता हूँ

माँ के मुख से सुनकर सीखी थी जो भाषा
हठात् भूल जाता हूँ
यथार्थ स्मृतियाँ झर जाती हैं भुरभुरा कर
गाँव खेत खलिहान परिवार पड़ोसी
सब धुआँ जाते हैं
सूखने लगती है अन्तस् की हरियाली
भाषा ही मकसद हो जाती है सम्प्रेषण की जगह...

मेरे भीतर बनते खोखल में
ऐसे आ विराजती है अंग्रेज़ की आत्मा
जैसे गन्ने की पोरियों में कीड़ा...

(मार्च 1993, शिमला)

नहीं जाऊँगा मैं अपनी माँ को छोड़कर

जैसे भी हो—
हिमालय की हिमाच्छादित ऊँचाइयों पर से होकर
उड़ने के सम्मोहन से छुटकारा पा लूँगा
जैसे भी हो—
टाल जाऊँगा मैं अकेले कज़ाकस्तान जाना
...कभी नहीं जाऊँगा मैं अपनी माँ को छोड़कर

जैसे भी हो—
भूल जाऊँगा मैं अल्माअता का वह पुराना नाटक-घर
और वह अँधेरा
अँधेरे में दो आँखों की धुँधलाती चमक
उस दुभाषिणी छात्रा का वह थरथराता अचरज
कि हिमालय के उस पार
दुनिया में एक ऐसा देश भी है—भारत
एक ऐसा शहर भी है—नई दिल्ली
जहाँ अनेक लोग अपनी भाषा पर
गर्वित कम, लज्जित ज्यादा हैं
गर्व से दिखाते हैं अंग्रेज़ी की किताबें
'वर्न्याक्युलर' पर चढ़ा लेते हैं मोटी ज़िल्द...
अचरज से मर ही गई होती बेचारी
वह कज़ाक छात्रा मेरा बोला सच सुनकर

पर जो भी हो...जैसे भी हो
मैं सच बोलकर ही बचाना चाहता हूँ
दुभाषिणी छात्रा और अपनी भाषा को
जो मेरी माँ है...

अब जब भी जाऊँगा मैं
अल्माअता
या दुनिया में कहीं भी
अपनी माँ को साथ लेकर जाऊँगा...

(1999, नई दिल्ली)
('गगनांचल', विश्व हिन्दी विशेषांक, 1999)

पुराने दोस्त

लम्बे वक़्त के बाद लोकल स्टेशन पर
अचानक मिले दोनों पुराने दोस्त
सीमित समय में की हमने
मौसम में व्याप्त घुटन की चर्चा
लहराते अरब सागर से
उछल-उछल आती उमस की बात
पूछी परस्पर बच्चों की उम्र और संख्या
'कभी घर आओ'—उसने कहा
'हाँ हाँ, ज़रूर'—मैंने कहा

न उसने पता बताया
न मैंने पता माँगा
आई ट्रेन
झटके से विदा हो गए...

(1992, नई दिल्ली)

समय : एक

तिथियों का मुँह काला करके
किन्हीं अयालदार स्याह हाथों ने
थमा दिए कुछ अख़बार मेरे हाथों में
—'पढ़ो और पहचानो अपने समय को'...

पढ़ता गया जानता गया
पहचानता गया अपने समय को मैं
उसकी समग्रता में

हर अख़बार में वही-वही सब
हत्या आत्महत्या चोरी डकैती
लड़ाई झगड़ा अपहरण बलात्कार
मार-पिटाई ग़बन-बेईमानी, धोखाधड़ी
खींचातानी छद्म-चालाकी भाषण-आश्वासन
आरोप-प्रत्यारोप... परेशान हो गया
ऊब उठा मैं...

कितना निरीह रहा होगा मेरा चेहरा
जब मैंने कहा—
"मत पोतो तिथियों के मुँह पर कालिख
रहम करो मुझ पर
नहीं जानना चाहता नहीं पहचानना चाहता मैं

अपने समय को इसकी दुस्सह समग्रता में
...पहले ही दिल का मरीज हूँ

मनोरंजक अख़बार पढ़ना चाहता हूँ
ख़तरनाक समय को नहीं..."

(22 अक्तूबर 1992, नई दिल्ली)

समय : दो

एक-एक पेड़ को
उखाड़-उठा कर किनारे रखता गया सैलाब
यूँ बहता रहा उफनता हुआ समय...

बहुत सारे पेड़ मिलकर खड़े हो अड़ गए दरिया की
मनमानी के खिलाफ़
मिट्टी ने मना कर दिया बेवज़ह कटने से

बेबस समय बदलने लगा अपनी दिशा चुपचाप...

(दिसम्बर, 1992)

पंजाब

गोलियों की तरह
आती रहती हैं एकरस ख़बरें
बमों की तरह
धमाके करती रहती है सुर्ख़ियों-भरी प्रेस
चौंकना बन्द कर चुके लोग
पुलिस के चौंकाने वाले बयानों पर
कानों पर हाथ रखकर खड़े रहते हैं श्रोता
कसकर आँखें मींचे रहते हैं दर्शक
ओढ़कर काला चोगा
तमाशाई करते रहते हैं
फिर भी तमाशा चारों तरफ़
भाषा का छल सम्प्रेषण का संकट
पराकाष्ठा पर है...

ख़बरें नहीं बनतीं—
ज़िन्दगी की रंगीन कतरनें
हवा में बजती गेहूँ की गदराई बालियाँ
सरसों की पीली लहरें
नदियों की नीली कलकल
बच्चों की भूख माँओं की लोरियाँ
शादियों के धौंसे-शहनाइयाँ
पुत्र-जन्म पर बजती थालियाँ

भीतर में कविता-सी कशिश और कसमसाहट
पड़ौस से भागे परिवार
या घर से भागे लड़के की आहट...

लोगों के कन्धों पर साबुत हैं सारे सेतु
बेआवाज़ बह रही हैं तीनों नदियाँ
ख़बरों के कोलाहल बीच...

(1989, नई दिल्ली)

उचटी हुई नींद

निजी सपनों की उथली नदी के भुरभुरे तट पर
अचानक उचटी नींद के ढहे हुए कगार में धँसा हुआ
पसीने से भीगा
भयभीत
कातर
बेचैन
जानना चाहता हूँ—अभी और कितनी रात बाकी है...

लम्बे अरसे से
गुल है ज़माने का रेडियम
अदृश्य हैं ग़लत बिन्दुओं पर ठिठकी सुइयाँ
स्थगित है मनचाही काल-गति
आलोक तृषित मन
रात घुप्प अँधेरी
तारे नदारद—अनिश्चितता की काली घटाओं में
मैं
जानना चाहता हूँ अभी और कितनी रात बाकी है...

आतुर हूँ
उठकर चीखकर झिंझोड़कर जगा दूँ पूरी बस्ती को
नगरी को
दुनिया को

शायद कोई बता सके मुझे सही समय
कि अभी सुबह होने में कितना समय बाकी है...

मुझे लगता है–
सब जाग गए तो सुबह तो हो ही जाएगी
रात केवल तब तक है
जब तक हर कोई अपने निजी सपनों की पिटारी में
बन्द, एकाकी है...
तो उठकर चीखकर झिंझोड़कर जगा दूँ
बस्ती को नगरी को दुनिया को...!

(9 मई 1986, नई दिल्ली)

कैलेंडर

ख़ास-ख़ास तिथियाँ घिरी हुई थीं
लाल-लाल दायरों से
बहुत पहले से
मसलन—
बच्चों के जन्म-दिन
शादी की सालगिरह
अगली इन्क्रीमेंट की 'डेट'
जैसे बेतरतीब बिन्दियाँ चिपकी हों
कैलेंडर के माथे पर...

साल ख़त्म होते-होते
रंग गईं कुछ और तिथियाँ
छोटी-बड़ी दुर्घटनाएँ
छोड़ गईं चोटों के कच्चे निशान
मन के कैलेंडर पर

और...साल बीत गया...

(22 जून 1993, शिमला)

आओ मिलकर तोड़ें

सोते में ही तनती है
शिरा
पिंडली के भीतर
जागते में कभी नहीं

निष्क्रियता तनाव देती है
दुःस्वप्नों की माँ है वह

जाग उठने पर
ढीली पड़ जाती है
तनी हुई शिरा
टूट जाता है दुःस्वप्न
का भयावह सिलसिला

जाग उठना चाह रहा हूँ
कसमसा रहा हूँ
वर्तमान दुःस्वप्न के भीतर
पीछा करते चोरों-डाकुओं-पुलसियों-क़ातिलों-अपहर्ताओं
चाकूबाजों, नशेबाजों, जुएबाजों
अड्डेबाजों, अखाड़ेबाजों, नीतिबाजों, सियासतबाजों
और अर्धपरिचित भूत से
बहुत दूर...बहुत आगे ले जाना चाहता हूँ

अज्ञात भयों से ठिठकी गतियों को...
झाड़ देना चाहता हूँ सोई हुई पिंडलियों के तमाम तनाव
अभी उठकर...चलकर...
मित्रो!
आओ मिलकर तोड़ें दुःस्वप्नों का यह सिलसिला
कि सब बच्चे देख सकें
फूलों, तितलियों और उड़ती परियों के सपने...

(30 जून 1993, नई दिल्ली)

अन्ततः

सताया गया हूँ
दबाया गया हूँ
पीटा गया हूँ
कोंचा गया हूँ
कुचला गया हूँ
मसला गया हूँ
तिरस्कृत हुआ हूँ
अपमानित हुआ हूँ
बेनाम हुआ हूँ
पराजित हुआ हूँ
इसके लिए
खूब-खूब, बार-बार
पर मैंने कभी नहीं मानी हार

अन्ततः
अपनी मर्ज़ी से
बिलकुल नंगी होकर
मेरे सामने
मेरे लिए
प्रस्तुत है ज़िन्दगी
युद्ध में जीती हुई
प्रेमिका-सी...

(1993, नई दिल्ली)

इन हालातों में

दुर्घटनाओं के पदचिह्न
दर्ज़ हैं मेरे भीतर

साफ़ छपे दिख रहे हैं
उनकी उँगलियों, उनके पंजों के
गाढ़े लाल निशान–
        हर चीज़ पर
        हर नाचीज़ पर
        हर फल पर
        हर बीज पर

पर
इन हालातों में
हत्यारों को पकड़ना
असम्भव हो गया है
उनकी उपस्थिति, उनकी पहचान के बावजूद...

(30 जून 1993, नई दिल्ली)

पुलिस के कुत्ते

ज़्यादा ही प्रशिक्षित हो गए हैं
पुलिस के कुत्ते

अपराधी ताक़तवर हो अगर
डाल दे तह की तह रोटियाँ
या जवान मांस की ज़िन्दा बोटियाँ
तो कुत्ते सूँघ लेते हैं शिकायतकर्त्ता को ही
जैसे साँप सूँघ जाता है किसी को

ईमानदार चश्मदीद गवाहों पर
टूट पड़ते हैं
किसी क़हर की तरह

लगभग किनारे तक आकर
मासूम लहर की तरह
लौट जाता है कुत्तों के आगे
अपना अधभरा 'लंच-बॉक्स' झाड़ता कोई गरीब भूखा
खाता हुआ
इन कुत्तों के घेरे में
फिर से न आने की
क़स्में...

(1 जुलाई 1993, नई दिल्ली)

नया-नया पैसा : एक

प्लेटफार्म पर खड़े होते हैं हम
जेबकतरों-लुटेरों की तरह
नया-नया पैसा
आता है धड़धड़ाता
भागती हुई 'राजधानी एक्सप्रेस'-सा....

छोटे स्टेशनों पर नहीं रुकती
यह ट्रेन
हमें ग़लतफ़हमी हो जाती है
अचानक किसी क्षण–
रुक गई है ट्रेन...
बिना पैर हिलाए ही दौड़ने लगते हैं हम
उल्टी दिशा में
प्लेटफार्म समेत

फिर...
जल्दी ही हम गिर जाते हैं
चक्कर खाकर
गतिशील होकर नहीं
भ्रमान्ध होकर गिरते हैं

हमारे सँभलने से पहले ही
गुज़र चुकी होती है तीव्रगामी ट्रेन...

(18 जुलाई 1993, नई दिल्ली)

नया-नया पैसा : दो

फ़ाक़ामस्ती के साथ ही
चल सकती है फ़कीरी

माया तो खुजली है
सताती है हरेक को
होती ही रहती है
कम या ज़्यादा

जो खुजलाने लगते हैं
खुजलाते जाते हैं
जाने-अनजाने
मैले नाखून तय कर जाते हैं
सुख से पीड़ा तक की यात्रा
जीवन के नासूर हो जाने तक...

मूँज की खुराड़ी खाट से उठा
पीप-सने मखमली बिस्तर पर
पटक कर
चला जाता है नया-नया पैसा...

(18 जुलाई 1993, नई दिल्ली)

जंगल में सुबह

बुझे हुए अलाव के किनारे
पड़ी हैं अभी तक अधसेंकी बत्तखें
अधभरी बोतलें
अधपके हिरण
अधभरी बन्दूकें
रक्तसने ललमुँहे चाकू

रात बीत गई है
सुबह हो रही है
धीरे-धीरे
शेर खा रहा है
शिकारियों के अर्धऊष्म शव

कैसे
कैसी
सुबह हो रही है
जंगल में...

(30 अक्तूबर 1992, नई दिल्ली)

सन्तुलन की बात

चुनींदा लोग एकत्र हैं
बड़े हॉल में
बहस चल रही है
गम्भीर
मुद्दे पर—
किस सुबह कितने वोल्यूम पर
चिल्लाएँगे भोंपू
किस रात होगा भगवती-जागरण
कितनी ताक़त लगाकर फूँकी जाएगी अज़ान
कब से कब तक चलेगा अखंड-पाठ

बहस चल रही है
चाय चल रही है
लहर पेप्सी चल रही है
बिस्कुट चल रहे हैं
बर्फियाँ चल रही हैं
'अंकल-चिप्स' भी...

शेष सब चल रहा है
नहीं चल रही केवल
बच्चों की नींद

पढ़ाई
सपनों में
पड़ने वाले ख़लल की बात...

(1992, नई दिल्ली)

दर्शक

झूम रहे हैं दर्शक
हर संवाद पर
हर धुन पर
सेंसर की कतरनी से बचे
चुनींदा दृश्यों पर
'अमर अकबर एंथनी' गाते
भूतपूर्व सांसद अमिताभ पर

इधर चरम-सीमा पर है
मसालेदार चटपटा सौहार्द
उधर थाने से चल दी है गार्द
सिनेमा-हॉल के बाहर चाकू चल गए
दो समुदायों के ब्लैकियों बीच
तक़रार के बाद

समाज-विरोधी साम्प्रदायिक तत्त्वों की
मनोरंजक हार के बाद
अन्तिम गाना गाती
आँखें-कूल्हे साथ-साथ मटकाती
नायिका को देख
निकलेंगे दर्शक जब
बाहर

हो रही होगी
कर्फ़्यू की घोषणा
लाशों की गिनती...

(1992, नई दिल्ली)

ढील के दौरान

महँगाई ने बाज़ार पर
बोल दिया हल्ला
खाली हुई दूकान
भर गया गल्ला
'अब तो कर्फ़्यू ही मालिक है
प्रभु! प्रभु! अल्ला! अल्ला!'

(1992, नई दिल्ली)

क्षुब्ध हैं हवाएँ

क्षुब्ध हैं हवाएँ
छल की मार से
क्षुब्ध है आकाश
रिक्तता के भार से

जो शुरू में कहने की बात थी
वो तुम आज इतने दिन बाद कह रहे हो

दोस्तो! खतरा है
केवल इसीलिए पीछे हटना
समझ नहीं आता मुझे तो
आगे बेहद खड़ी हैं ढलानें
अन्देशा है पूरा पहाड़ लुढ़क आने का
केवल इसी कारण लौटने का निर्णय बेमानी है...

हम काफ़ी दूर आ गए हैं दोस्तो!
यहाँ तक आकर
लौटने से तो मर जाना बेहतर है
शरीरों में थकन है थरथर है
पर मन क्यों तर-ब-तर है भय से
इतना चल चुकने के बाद पता चला मुझे तो
—करीब-करीब सब-कुछ इतना अस्वाभाविक

इतना जर्जर है...

तुम्हारे फेफड़ों को एतराज़ है
शुद्ध ताज़ा हवा पर
पैर मना कर रहे हैं नया रास्ता बनाने को
दिल चाहने लगा है उसे कुछ कम धड़कना पड़े
आँखों की पसन्द बन गया है अँधेरा
जो भी चीज़ चखी जाती है
कड़वी लगती है लोलुप ज़बान को
संगीत सह नहीं पाते कान
संवेदनहीन त्वचा भूल गई है
स्पर्श की ऊष्म मुलायम भाषा...

शून्य निकल रहा है समूची यात्रा का निचोड़
नाजुक विश्वासों को कैसे रोपा होगा मैंने
संगमरमरी चट्टानों पर!

मैं बन्द नहीं कर पाऊँगा चलना-चढ़ना
साथ छोड़ बेशक लौट जाओ तुम
उतर जाओ वापस यहीं से

स्वीकार है मुझे—
जम जाना प्रलय बिन्दु तक
हिमाच्छादित शिखरों पर गल जाना अकेले
पर नियत है
चलते जाना...चढ़ते जाना...

(सितम्बर 1992, नई दिल्ली)

भादों के बादल : एक

सावन बीत चुका
जल रीत चुका
सफेद पड़ गया है
सिर और चेहरा...

इनके छाने से
कुछ कम हो जाता है
जवान आसमान का खुलापन
चुलबुली हवाओं का विस्तार
निस्तार पाना चाहते हैं सब
अकेले भटकते इन श्वेतकेशी बादलों से

केवल समय बीता है
स्मृतियाँ नहीं

इन्होंने सौंपी थीं अपनी समस्त जल-क्षमताएँ
—धरती को हरियाली
आकाश को उजली नीलिमा
हवाओं को अखंड उल्लास

धरती आकाश हवा लोग
फालतू समझ ध्यान नहीं रखते अब इनका

जवानी की झोंक में भूल जाते हैं वे
—भादों के भभकते-भन्नाते घाम में
इनकी छाया का महत्त्व...

(सितम्बर 1992, नई दिल्ली)

भादों के बादल : दो

नमी के लोभ में
झेलती रही हवा
इन बादलों को आषाढ़-सावन भर

अब
'रिटायर' होने पर
इन्हें
अपने ऊपर बोझ बता रही है...

(सितम्बर 1992, नई दिल्ली)

घोड़े

कहाँ से
किस दिशा से
हिनहिनाते हुए आ जाते हैं रोज़ रात
बिके हुए घोड़े
ऊधम मचाते
रौंद डालते कच्ची कोंपलें
नींद की

अजीब अस्तबल है मन भी
कभी खाली नहीं रहता...

चोरों की आहटें
घोड़ों की हिनहिनाहटें
खूँटा-खुर
रस्सी-रास
नाल-नाद—किसी की भी खटर-पटर
और नहीं तो
गर्दन नीचे सिक्कों की थैली की खनक
बची रह जाती है
तमाम घोड़े बेच देने के बावजूद

उछलकूद मची ही रहती है
हर वक़्त—इस अस्तबल में
निरन्तर ख़लल है मन भी...

चलो! धवलकेश अनुभवों से पूछें चलकर
—ज़िन्दगी का यह मुकुट
चुभता ही रहता है क्या
उतर जाने तक...?

(जुलाई 1993, हिसार)

गेढ़ी वाला गिलास

याद दिलाता रहता है मुझे
भारी सफ़ेद मूँछों वाले
अपनी स्वर्गीय पितामह की
चाँदी का यह गेढ़ी वाला गिलास...

कहा करते थे वे इसमें भरा दूध पीते हुए–
"बेपेंदी के लोटे होते जा रहे हैं
खरे इन्सान भी
दिन-ब-दिन खोटे होते जा रहे हैं
अधभरे ही लुढ़क जाते हैं
नहीं सम्भाल पाते अपने भीतर
किसी भी तरलता को
चाहे दूध हो चाहे पानी

जितने बड़े हैं उतने ही बेकार
ये बेपेंदी के लोटे

इनसे लाख गुना अच्छा है
अपना यह गेढ़ी वाला गिलास
ठोस ज़मीन पर जमाकर रखता है पैर
बचाकर रखता है अपनी तरलताएँ
हर हाल में..."

इस महँगे ज़माने में भी
सँभाल कर रख रखा है मैंने भीतर
विरासत की तरह
यह गेढ़ी वाला गिलास...

(अगस्त 1993, धनाना)

पितामह का पछतावा

लपलपाती रहती थी ज़ुबान
किटकिटाते रहते थे दाँत-दाढ़
सुरसा की तरह खुला रहता था
भूख का मुँह
अधपेट खिला-खिलाकर
निकाल दिया बचपन...

सुन्दर थी देह
चमक थी आँखों में
लाली थी चेहरे पर
मन माँगता था सुन्दर-सुन्दर पहनावे
देह के लिए

थेगलियाँ पहना-पहना कर
हलाल करना पड़ा यौवन...

अब भरपूर मनचाहा भोजन है
सब सुन्दर-सुन्दर पहनावे हैं

वह भूख
वह देह की सुन्दरता
कहाँ से लौटेगी अब...?

(जुलाई 1993, नई दिल्ली)

सूखती हुई यमुना पर

सभा में चिन्ता व्यक्त करते हैं
नदियों के सूखने पर
अकेले में हँसते हैं
सूखती हुई नदियों पर

जो सभा में ही सभ्य होते हैं
वे सभ्य कहाँ होते हैं!

बचपन में पढ़ा था—
नदी-घाटियों में ही विकसित हुई थीं
समस्त सभ्यताएँ
तटों के आसपास बसे थे प्रारंभिक समाज
पानी और अनाज दोनों के लिए

माँ-नदियों को चाहते सभ्य लोग
सभ्य लोगों से प्यार है नदी-माँओं को

लोप हो रही है यमुना
जैसे सरस्वती हुई थी
बूढ़ी माँ को साथ नहीं रखते
दिल्ली में ब्याहे हुए बेटे

सभ्यताओं के किनारे-किनारे
बहना पसन्द करती हैं आज भी नदियाँ
दिल्ली के लोग सभाओं में ही सभ्य होते हैं
इसीलिए सूख रही है यमुना...

(1997, नई दिल्ली)

न जाने अब कब आना हो

बन्द किए जा रहे हैं
एक-एक करके
लाइटें खिड़कियाँ दरवाज़े कुंडियाँ ताले

हम जा रहे हैं
लौट रहे हैं आज
शाम की ट्रेन से
...न जाने अब कब आना हो

पूर्वजों की हवेली
भीतर बैठी है एक उदास चिड़िया
अपने अंडे सेती
रोशनदान पर टिके घोंसले में

खुला छोड़ दिया है हमने
इक रोशनदान—
हवा-रोशनी आती रहे
क़ायम रहे बाहर से भीतर का रिश्ता

हमारे बच्चों को
(हमारे भीतर के बचपन को)
बहुत प्यारी लगती है चिड़िया

इसीलिए खुला छोड़े जा रहे हैं हम
रोशनदान
कि मरें नहीं स्मृतियाँ
पंख पसार
उड़ भले ही जाएँ
चोंच में दबाकर
ज़रूरी क्षणों में लौटने की सम्भावनाएँ...

(22 जून 1993, शिमला)

दिनचर्या : एक

रोज़ जीतता हूँ गढ़
रोज़ होता हूँ लहूलुहान

अँधेरे की दुन्दुभि बजने पर
निहत्था
लौटता हूँ शिविर में
हार कर सो जाता हूँ...

(5 दिसम्बर 1992, नई दिल्ली)

दिनचर्या : दो

अब तक याद हैं
जो-जो सपने बचपन के
सब के सब उड़ने के सपने हैं

नीले, खिले-खिले, ऑक्सीजन से लबालब भरे
आकाश में
बहुत ऊँचाई तक उड़ान भरता था मैं
एक ही रात में कई-कई बार
लगातार ऊपर...और ऊपर जाता हुआ...

बहुत डर लगता था रोमांच-भरा
पर गिरने से पहले
टूट जाती थी नींद आसमान की ऊँचाइयों में ही...
याद नहीं आता—कभी गिरा होऊँ...

अब
जो भी सपने नींद के कगार के एकाध फुट बाहर
उछल आते हैं
तड़पड़ाती मछलियों से
सब के सब पहाड़ों के सपने होते हैं
या फिर घर से भागे किशोर के पीछे
खुले पड़े किवाड़ों के सपने होते हैं

थकानग्रस्त, परेशान
चढ़ता रहता हूँ, चढ़ता ही रहता हूँ
अनजानी पथरीली ऊँचाइयों पर
दिख जाता है कभी-कभी—
कफ़न-सा धवल गन्तव्य
किसी नदी या झरने का पतनशील मन्तव्य
पेड़ नहीं दिखते फूल नहीं दिखते
गिरती हुई नदियों धाराओं के कूल नहीं दिखते

चिकनाइयाँ हैं फिसलनें हैं
चढ़ाइयाँ हैं ढलानें हैं
हर चढ़ाई के दोनों तरफ़
खाइयाँ हैं खड्ड हैं
घटनाएँ और सपने गड्डमड्ड हैं

पैर तले पत्थर हैं
सिर ऊपर कोहरा है
सीने के भीतर सूख रहा
एक पेड़ जो हरा है

ऊपर...और ऊपर
कभी-कभी झलक जाता है
कफ़न-सा धवल शिखर
कभी भी नीचे आ लुढ़कने को तत्पर
सीने में डर, थरथर...
कमी ऑक्सीजन की सूर्योष्मा की
ठंडी थकी श्वास-गति के इर्द-गिर्द
बुन देती है घुटन का मकड़जाल

कसमसाता हूँ मकड़जाल के भीतर
बहुत कसमसाता हूँ

सद्यःखंडित सपने की 'किरिच' पर चलता हुआ
जाग जाता हूँ

शुरू कर देता हूँ
दिनचर्या की गन्तव्यहीन चढ़ाई
धवल-शिखर की ओर...

(5 दिसम्बर 1992, नई दिल्ली)

बीसवीं सदी की शाम

युग ढल गया है
अस्त हो रहा अधकटा लाल उल्लास
धीरे-धीरे
पीली उदासियाँ उतर आई हैं
लहलहाती सरसों पर
दूर-दूर तक...

चूर-चूर हैं किसान और उनके परिवार
कसक रहीं मजबूत हड्डियाँ थकान से
एक बियाबान से
दूसरे और गहरे बियाबान तक
हाँफती हुई
लार टपकाती भाग रही उद्भ्रान्त दुनिया
किसी को भी काट खाने को ललकती
यहाँ तक कि पकती हुई फसलों तक को
चबाने को लपकती
विरूप करती उन मसलों तक को
जो उसकी उद्भ्रान्ति से जुड़े हैं

बहुत फ़र्क़ है
तीखेपन से महसूस होने वाला
घनघोर फ़र्क़ है

कल की शाम
आज की शाम के बीच
कल सुहानी थी वह
आज भयानक है
पूरे आसमान का चेहरा बुझी राख-सा
'फक्' है आज

कल—
उधर ढल रहा था सूरज सदी का
रंग-बिरंगा हो रहा था जल
हर पोखर हर नदी का
पूर्णिमा की शाम
पश्चिम में डूब रहा था एक प्रकाश-स्रोत
दूसरा उग रहा था पूरब में

अँधेरों से लड़ने का अन्तहीन जोश समेटे
नई सोचों
नई सम्भावनाओं का भरा-पूरा कोष समेटे
गोधूलि और घंटा-ध्वनियों बीच
लौट रहे थे गाते हुए श्रान्त किसान
गाँव की ओर
घर की ओर
माँ की ओर...

पश्चिम ओर के कस्बों की 'प्रेस'
धड़ाधड़ छाप रही थी
किताबों पर किताबें
अख़बारों पर अख़बार
संघर्षों के माथे पर लगा रही थी
उल्लास की लाल टिकारी
पुरुष-नारी कन्धे मिलाए बहुत तेज

बहुत ही तेज चले थे सुबह की तरफ
मार्क्स, डार्विन, फ्रायड, न्यूटन
और कोपरनिकस की चर्चा में उलझे
आज़ाद दुनिया के गीत गाते हुए...

आज—सुबह थी सुहानी
लगभग डेढ़ लाठी सूरज चढ़ने तक
शिखर दुपहरी से पहले ही पर
पागल कुत्तों-से परस्पर जूझ पड़े देश
सूरज को लीलने की लग गई होड़
नाखूनों-दाँतों की लम्बाई से मापने लगे
थरथराती धरती माँ का सीना
यहाँ तक कि
सुर्ख गर्म सुइयाँ भोंक दी उसे
क्लॉड ईथरली नाम के पगलाए अमेरिकी पायलट ने...

अब शाम—
रिसते-गन्धाते घाव लिए
अकेले घर की सूनी देहरी पर
खड़ी अकेली बाट जोह रही माँ
खेतों से लौटते अपने किसान-पुत्रों की
...आ रहे होंगे
आते ही होंगे वे
बेहतर फसलों की खुशखबरी
बच्चों की तरह कन्धों पर लादे हुए
जैसे कल शाम आए थे
करेंगे दीया-बाती
धार-डोका, रोटी-टूका, दवा-दारू
सँभालेंगे दिन-दहाड़े लुटा अपना घर
अपना-आप...

देर हो गई
आज तो बहुत देर हो गई—
अनलौटे पुत्रों की फ़िक्र से मरी जा रही माँ
कैसे बयान करेगी
दिनदहाड़े हुए अपमान और डाके का

अन्धकार के हरहराते समुद्र में
बची-खुची लाली के
घुल जाने की असम्भव सूचना
कैसे दे पाएगी? कैसे...?

ठुड्डी तक फ़िक्र में डूबी है माँ
देर हो रही है
बहुत देर हो रही है
अँधेरे का बर्बर सैलाब
घेरता आ रहा
गाँव को घरों को माँ को...

कस्बों की प्रेस तब्दील हो रही
हथियारों के कारखानों में
गाँव तब्दील हो रहे कस्बों में
पुर्ज़ों की जोड़-तोड़ करते मजदूर
रह गए बस किसानों की जगह
फलदार पेड़ों की जगह उगाए जा रहे
हथियार बेशुमार...

माँ भौचक है
ठीक सूरज डूबने के क्षण
नहीं उगा चाँद पूरब में
पूर्णिमा के बावजूद
हाय! कैसी असम्भव शाम है
समस्त प्रकाश-स्रोतों से वंचित...

इस अँधेरे अधलुटे घर में
कोई भी घुस सकता है बेटों की जगह
बेटा या डाकू बनकर

रिसते-गँधाते घाव लिए
गिरी पड़ी है माँ
शुश्रूषा और ठोकर की अँधेरी सन्धि पर

रास्ते में ही
न जाने कहाँ बिला गए
उसके बेटे और चाँद-तारे
उफ! भयानक है यह शाम
बीसवीं सदी की...

(25 सितम्बर 1991, नई दिल्ली)

इंडिया गेट

आधी रात
अकेला खड़ा है घोर सन्नाटे के बीच

आधे अस्तित्व पर अंकित
दासता की क्षत-विक्षत स्मृतियाँ
ब्रिटिश हुकूमत की पथराई विलासिता
बहुत बाद में समझ आई चालाकियों पर
सिर धुनता
अकेला खड़ा है घोर सन्नाटे के बीच

चौड़े ललाट पर खुदा है अपना नाम
पर पराई भाषा में
चारों तरफ़ कतारें तेज रोशनियों की
सीने में धधकती 'जवान ज्योति'
फिर भी धुँधलाया है समूचा परिदृश्य

जा चुके हैं मारुतियों में लदकर
सुखी दिखते परिवार
इतनी सर्दी में आइसक्रीम चाटते बच्चे
फिज़ा महकाती, अंग्रेज़ी गिटपिटाती महिलाएँ
ऊँचे होटलों में ठहरे विदेशी पर्यटक
आवाज़ें लगाते फेरी वाले
अँधेरे-उजाले की सन्धि रेखा पर 'गाहक' ताड़ती औरतें

रह गए हैं–
'जवान-ज्योति' के मूर्तिवत पहरेदार
नशे की झोंक में घास पर पसरी पड़ी इन्सानी गठरी
डंडे की नोक से जगाता
उसकी जेबें टटोलता पुलसिया
'बोट क्लब' के बासी ठहराव की गन्धाती उथली फिसलनें
संसद भवन की धुँधली छाया
गहरी धुन्ध को
और भी घनी, और भी ठोस बनाती
गोल रोशनियों की जगमग कतारें

बाट जोह रहा छब्बीस जनवरी की
राष्ट्रपति आएँगे–आठ घोड़ों वाली शाही 'बग्गी' पर
प्रधानमन्त्री आएँगे–कारों के काफ़िले से घिरे
मन्त्री उपमन्त्री सब आएँगे
लोग देखेंगे परेड झाँकियाँ
खूब ताली बजाएँगे छब्बीस जनवरी को
लौट जाएँगे अपनी-अपनी दिनचर्या में

काट रहा है यूँ ठिठुरती धुन्धभरी लम्बी रातें
प्रतीक्षारत इंडियागेट...

फिर बदलेगा मौसम छँटेगी धुन्ध
खिलेंगे फूल, चहकेंगे पंछी, महकेंगी हवाएँ
आएँगे लोग
खेलेंगे बच्चे चारों तरफ
खूब बिकेंगे कप आइसक्रीम के
भरेगा किसी गरीब का पेट
अपने दिन काट रहा है चिन्तारत इंडियागेट...

(27 दिसम्बर 1992, नई दिल्ली)

हिन्दुस्तान-उवाच

रात और नींद के पहले पहर में
चेतना की डूबती सीढ़ियों पर
लाठी टेकता
धीरे-धीरे उतरता आता है वह बूढ़ा
वर्तमान सपनों के गँदलाए सरोवर में
करोड़ों पंखुड़ियों वाला उजला कमल टोहता

चश्मा चढ़ा-चढ़ा, उतार-उतार देखता
सीने में उतरी तीन गोलियों के पारदर्शी घावों को
अपनी थरथराती हथेली से ढँके
दुर्दम चीख को भीतर ही दबाए
उतरता है वह गँदलाए जल में
उजला कमल टोहता

रात और नींद के आख़री पहर में
गँदले जल से बाहर निकलता
घुटनों तक झूलती तरबतर धोती से जल-बूँदें झाड़ता
सूखी सीढ़ियों पर ठक् ठक् लाठी टेकता
छप् छप् गीली पैर-छाप छोड़ता
एक हाथ में लाठी
दूसरे में उजला, पूरा खिला, विराट् कमल थामे
जलभीगा रक्तसना बूढ़ा

प्रसन्नचित्त चढ़ता है एक-एक सीढ़ी

काई फिसलन मगरमच्छों के भय से भरा
रात के पहले पहर से आख़री पहर तक
मैं प्रतीक्षारत देखता रहता हूँ चुपचाप
चमत्कार सरीखे ऐतिहासिक प्रयासों को
अपने अर्थहीन ठिठकेपन पर शर्मिन्दा

सुबह के आसपास ओझल होता बूढ़ा
रूपान्तरित हो जाता है घुटनों सरकते शिशु में
वृहदाकार कमल सँभाले
काई-भरी सीढ़ियाँ चढ़कर मेरी तरफ़ आते
सूर्य-नेत्रों वाले शिशु में...

निरन्तर व्याकुल हूँ और चिन्तित
कि ठीक आधी रात मैं भी उतरूँगा गँदले जल में
उजला कमल ढूँढ़ने को
लाठी टेकते बूढ़े के साथ मिलकर
अन्त कर दूँगा इस चालीस बरस लम्बी
परिणामहीन व्याकुलता का

घुटनों घिसटते शिशु समेत
निकलूँगा जब बाहर–उजला कमल सँभाले
बिना मगरमच्छों से भय खाए
बिना काई पर फिसले
तभी
हाँ तभी आकार लेगी
असली, कमल-सी उजली सुबह...

(1987, नई दिल्ली)
('जतन'–संयुक्तांक 15-16, 1988)

एक अधेड़ का बयान

कब गुज़रे गाँधी जी और बचपन
कुछ भी याद नहीं आता
कब उमर हो गई पन्दरा से पचपन
कुछ भी याद नहीं आता

सच!
रोज़मर्रा की अतल ज़रूरतें पाटने में
निकल गई ज़िन्दगी
छिल गई ज़िन्दगी–
दैनिक दुःखों का अन्तहीन कँटीला जंगल काटने में
अनचाहे ही खुद को इधर-उधर बाँटने में
बेटों को पढ़ाने बेटियों का दहेज जुटाने में
हादसों की ख़बरें सुनने-सुनाने में
बीत गई ज़िन्दगी
यूँ रेत-घड़ी-सी रीत गई ज़िन्दगी...

घूम गया काल-चक्र
छोड़ता हुआ वक्र परछाइयाँ अनुभवों की
ढेरियाँ बीती घटनाओं के शवों की–
जो बार-बार प्रेतात्माओं-सी उठती मन के मसान में
स्मृति-कापालिका जब-जब बुदबुदाती उच्चाटन-सम्मोहन मन्त्र
विचित्र है यह वस्तु और चेतना का सम्बन्ध-तन्त्र!

पहले समझ नहीं आया
अब जब थोड़ा-थोड़ा आया समझ
बीत चुकी ज़रूरी उम्र
छूट गई मन में टीसती कसक
हमारी शिराओं से होकर गुज़र गया इतिहास
(हम कुछ कर पाते काश!)

ज़िन्दा ही दफ़न हो गए
मेरे और आज़ाद हिन्दुस्तान के
चार लम्बे-लम्बे दशक

हम अधेड़ों को बेशक अपने गुज़र जाने का भय है
पर युवकों के लिए अब भी समय है
—इतिहास अब उनकी शिराओं से होकर गुज़र रहा है...

(1986, नई दिल्ली)
('रघुकुल टाइम्स' जुलाई 1987)

बहुत बेचैन है बच्चा

एक

बहुत बेचैन है बच्चा
घिसटता मसूढ़े पीसता
पुरज़ोर चीख़ता भूख से
निर्माणाधीन चारदीवारी के पीछे
बढ़ते अँधेरे में
ठेकेदार के साथ ग़ायब हुई
अपनी अठारह वर्षीय माँ को बुलाता
बहुत बेचैन है बच्चा...

दो

बहुत बेचैन है बच्चा...
चिलचिलाती दुपहरी में
छोड़ टूटा पालना
नीम की मरियल छाया
ताज़ा-ताज़ा बिछी तपती तारकोल पर
अपने लड़खड़ाते-तड़पते पद-चिह्न छोड़ता
बीसियों मजदूरनों के बीच
माँ को खोजता
बहुत बेचैन है बच्चा...

तीन

बहुत बेचैन है बच्चा...
दारू की दुस्सह गन्ध
सौतेले बाप की बेहूदी चाल
अभी-अभी लाल हुए माँ के बाएँ गाल
उस पर सरक आई आँसू की ताज़ा लकीर
सबको
(सबके साथ झुग्गी के कोने में पड़ी खुंडी कुदाल को)
घूरता
बहुत बेचैन है बच्चा...

चार

बहुत बेचैन है बच्चा...
स्कूल में पढ़ने जाने की बजाय
नत्थू के ढाबे में बर्तन माँजता
मुफ़्त में गाहकों के थप्पड़ खाता
अमिताभ बच्चन या मिथुन चक्रवर्ती की
किसी एक फिल्म के लिए
नत्थू से अपने गाल चुसवाता
सब्ज़ी काटने का चाकू पैनाता
बहुत बेचैन है बच्चा

पाँच

बहुत आश्वस्त है बच्चा
नौ साल की उमर में पहली तनख्वाह के नब्बे रुपए ले
आधी रात ढाबे से झुग्गी लौटता
बीच-बीच में सीटी बजाने की प्रैक्टिस करता
बहुत आश्वस्त है बच्चा

मैं
उसे लेकर आज पहली बार गहरे तक बेचैन हूँ...

(13 मार्च 1989, नई दिल्ली)

हाथ

छाती पर रखे अपने दोनों हाथ
असंगत–बहुत असंगत–लगे
शरीर के दोनों तरफ़ लिटा लिए
तो भी बहुत बेकार लगे

रख कर देखे फिर माथे पर
कानों पर
गर्दन नीचे
तकिए तले
फिर लटका कर देखे
पलंग के दोनों तरफ
हर स्थिति में असंगत ही लगते रहे

उठा मैं
हाथों ने दबाए बटन
भाग गया अँधेरा
सँभाला कागज़-किताबों को
शान्त हो गया दिमाग़
सार्थक हो गया अस्तित्व हाथों का
और अपना...

(1987, नई दिल्ली)

बेंजामिन मोलाइस की याद में...

मेरे सहधर्मा मोलाइस!
तुम्हारी फाँसी के बाद
तुम्हारे 'स्मृति-सागर' के थरथराते तट पर खड़ा
अनुभव कर रहा हूँ—
कविता कागज़ पर उतरा शब्द-समूह नहीं रही अब
न ही क्षणिक उत्तेजना का बासी अभिव्यक्ति-रूप
न राजप्रशस्ति, न भक्त की विनयशीलता
न नायिका-भेद, न छंद-अलंकार
इन सबको बेध सबके पार जा चुकी कविता
सविता-किरणें ब्रह्मांड-प्रसारित जैसे...

कैसे कब हुआ यह
कब धारण कर लिया कविता ने
अग्नि लोहे पत्थर और बारूद का धर्म
मर्मभेदी यह परिवर्तन कब कैसे हुआ?

विक्षिप्त होकर मरता कोई 'निराला'
ब्रेन-हेमरेज से दम तोड़ता कोई 'मुक्तिबोध'
या फाँसी के तख्ते पर चढ़ता कोई 'मोलाइस'
दे पाएगा उत्तर इसका
कि किसकी त्वचा का रंग
किसकी निम्न आर्थिक स्थिति

किसकी अति मानवीय मनोवृत्ति
क़ब कविता को अग्नि लोहे पत्थर या बारूद का धर्म
दे देती है
किस तरह कविता मुर्दा मनोरंजन के उथले दायरे से निकल
चली आती है 'जेनुइन' विरोधों के सक्रिय संसार में
कि किस तरह अखबार में छपी खबर
कविता हो जाती है
और कविता एक सनसनीखेज समाचार का रूप लेने लगती है
वैसे ही जैसे किसी पिछड़े देश के
पिछले प्रदेश में सिर उठाता कोई किसान-आन्दोलन
या किसी महोद्देश्य के लिए फाँसी टूटता, समर्पित यौवन...

अब—
आततायी सामन्ती मनोवृत्ति की माँग हो
चाहे ज़ालिम ज़ार का बीत चुका भय
स्वाँग हो क्रीतदास बहुमत के निर्माण का
या न्यायाधीशों के हास्यास्पद निर्णय
बूचड़ बोथा और उसके बहन-भाइयों की गोरी चमड़ी के
नीचे छिपे ऐतिहासिक उपनिवेशवादी अँधेरे हों
एकरस दिनचर्या के यातना-शिविर में
बेसुध-सी पड़ी चिन्ताएँ हों
बीमार बूढ़े बाप या मरणासन्न माँएँ हों
दूषित पानी, तंग मकान या विषैली हवाएँ हों
उथली होतीं गहराइयाँ हों संवेदन की
लम्बी-लम्बी हड़तालों में शहरों में सड़ते
गँवार मजदूरों की गैर-रोमेंटिक तन्हाइयाँ हों
फ़िक्र-भरी रातें हों, खटमलों-भरी चाइपाइयाँ हों
छल-भरे समझौते, अटपटी व्याख्याएँ, बेमतलब बातें हों
रंग, धर्म, जाति, क्षेत्र के आधार पर होतीं
अनसोची हत्याएँ हों
या बिखरना, गोली खा कर गिरना हो

किसी 'जेनुइन' जुलूस का
शोषण की अन्तहीन अँधेरी गली में
चमचमाते खंजर-सा आतंक भूख का
बढ़ते हुए रोगी हों क्षय के
या ज़िन्दगी की खूँखार नदी में उमड़ते
भँवर भय के या जुल्म की झाल हों
यहाँ तक कि यथास्थितिवाद द्वारा बिछाए गए
चिकने, गद्देदार, बहुरंगी-बहुरूपी प्रलोभन-जाल हों

यानी--
अब किसी भी ख़तरे में हो वजूद
इन सब के बावजूद कविता बदल चुकी
सब रास्ते अपने
सपने आते जा रहे जागरणोत्तर स्थितियों की तरफ़
मन से निकल
यथार्थ-भूमि पर धीरे-धीरे डग धरते कविता के पीछे-पीछे...
यूँ यथार्थ की अनुगामिनी (: परिवर्तनकारिणी)
होती जा रही कविता...

रात भर
संसार-भर के स्वप्नों में भटकता कवि
वह मानवता का शिल्पी
देखता है सबका भीतरी संसार
सबके स्वप्नों का भूगोल--रंग-रूप
धूप-छाँव, जंगल-खेत, पहाड़-पठार
नदी-सागर--सबके स्वप्नों में जाकर
पढ़ता है सबकी सामूहिक इच्छाएँ
सबके भीतर चलते युद्ध, द्वन्द्व, विध्वंस या निर्माण
के लेख देख-देख
सबका सामूहिक भविष्य गढ़ता है
शब्द-दर-शब्द, शिला-दर-शिला...

शब्द हों या न हों
छन्द हों या न हों
अनपढ़ से अनपढ़ आदमी सक्रिय है जहाँ भी
(जिस भी रूप में) बेहतर भविष्य के लिए
वहीं कविता है
वही कविता है....वही कवि है...

कवि को अब जेल हो या फाँसी
खंजर लगे या गोली
कविता तो पीढ़ी-दर-पीढ़ी हस्तान्तरित होती
आदिम ढाल है मानवता की...

सच!
शब्द-समूह नहीं है वह मनोरंजनकारी
न ही छंद-अलंकार न नायिका-भेद
न राज-प्रशस्ति, न शब्द-जाल
वह तो गूढ़ समाचार है जन-इच्छाओं का
भविष्यवादी सपनों को गढ़ने का औज़ार है

सच कहता हूँ—
अब कविता शास्त्र-धर्मा नहीं रही
शस्त्र-धर्मा हो गई है...

(1987, नई दिल्ली)
('अथ', मार्च 87)

बहुत हो गया मित्रो!

बहुत हो चुकीं कविताएँ
बहुत लिखे जा चुके लेख
बहुत हो गया मित्रो!
अब तो चले ही आओ

ओलम्पिक धावक की तरह
बल्कि उससे भी तेज
भागा जा रहा है बदहवास समय
निकले जा रहे अवसर
एक-एक करके

बहुत हो चुका मित्रो!
अब तो चले ही आओ
मिल बैठेंगे सब नक्शे बनाते हुए
भविष्य के योजनाबद्ध
कुछ करेंगे करना ही होगा

बीत गया है समय गुहावास एकान्तवास का
कविताओं पर कविताएँ लिखते जाने का
कायर समय
रीत गया है जीवन पेरे गए गन्ने-सा

फिर से खड़ा हो
कन्धे से कन्धे भिड़ाते हुए लहराने को मन है
भरे गदराए खेतों में
चले आओ मित्रो!
खड़े होंगे हम मिलकर अब
समय के भ्रमित बहाव के खिलाफ़

अब तो चले ही आओ मित्रो!
चले ही आओ अब तो...

(1993, नई दिल्ली)

फ़सलें अब भी हरी हैं

फ़सलें अब भी हरी हैं
रक्त अब भी लाल
समूची सृष्टि को बदरंग करने की
हज़ारम-हज़ार कोशिशों के बावजूद

वजूद में हैं अब भी सतरंगी खुशियाँ
अनायास फूटते सम्बन्धों के अंकुर
दोस्ती और प्रेम की नाजुक कोंपलें
मन पर निःशब्द प्रभाव वसन्त और पावस के

घेरा डालती अमावस के घनेपन के बावजूद
चाँदनी अब भी आकर्षक है
चाँद अब भी प्यारा
बेशक चारों तरफ़ जले हुए बस्ती-बाज़ारों का धुआँ है
खाई है या कुआँ है
खंजर और गोलियाँ हैं
हत्यारों की टोलियाँ हैं
बेशक किसी अकेली रोशनी की घात में
लबादे ओढ़े खड़े हैं अँधेरे
काल के हर नुक्कड़ पर

पर—

सूरज अब भी वक़्त पर निकलता है
धरती पर उजलापन बिखेरता
अँधेरों पर भारी पड़ती किरणों से
ज़िन्दगी को दुलारता-टेरता
सूरज अब भी नियमित है
धूप अब भी ऊष्म...

बेशक खाली हाथ खाली पेट
भागी जा रही बदहवास सभ्यता
भरी दुनालियों
और पेशेवर हत्यारों के आगे-पीछे
कसकर आँखें मींचे
प्रभु से प्रार्थना कर रहे हैं
धर्मभीरु लोग
आत्मरक्षा की

बेशक कुछ भी नहीं है हमारे पास
(न रोटी, न हथियार)
निरन्तर सोच-विचार
और सबके भविष्य में गहरे विश्वास के अलावा
धरती और आकाश के अलावा
थोड़े से हवा पानी और प्रकाश के अलावा
कुछ भी नहीं है हमारे पास

पर अब भी हम धनी हैं
हमारी दुनिया अब भी है क़ायम...

(1991, नई दिल्ली)
('अलाव' कविता विशेषांक, जून 1992)

•••